Género Fantasía

I0800632

Pregunta esencial

¿Qué insectos conoces? ¿En qué se parecen y en qué se diferencian?

La casa de las termitas

Juan Álvarez Montero
ilustrado por Agustín Comotto

Capítulo 1

La casa

La familia termita necesitaba un hogar.

—¡Yo mismo haré la casa! —dijo papá termita.

Su familia no le creyó. Pero a papá termita eso no le importó.

Papá termita buscó un libro para hacer casas. Lo leyó en secreto durante noches enteras. Su esfuerzo era increíble.

Papá termita finalizó su estudio. ¡Por fin! Como las termitas adoran la madera, papá termita hizo la casa con madera de pino.

—¡Qué hermoso hogar! —dijo mamá termita.

Capítulo 2

¡A festejar!

Las termitas invitaron a todos los insectos a una fiesta. Era un grupo muy divertido.

La avispa estaba muy elegante. La hormiga ayudaba a llevar la comida. Las mariposas llevaron a sus bebés crisálidas.

Los grillos cantaban sin parar. No se alejaban del micrófono. ¡Todos reían!

Capítulo 3

Rica madera

Pero pasaba algo raro. La madera crujía mucho. Las paredes se movían. ¡Parecía que la casa se venía abajo!

—¡Ajá! Acá está el problema —dijo la chinche.

Los niños termitas estaban comiéndose la madera.

—¡Es que la madera es crujiente y está muy rica! —dijeron los niños.

—Haré otra casa. ¡Pero no se la coman! —dijo papá termita, muy enojado.

¡La nueva casa era de cristal!

Ahora los niños no la comerían. Pero había otro problema. El cristal era tan claro, tan claro... ¡que los niños chocaban con las paredes todo el tiempo!

Respuesta a la lectura

Volver a contar

Vuelve a contar el cuento con tus propias palabras.

Personaje	Pista	Punto de vista

Evidencia en el texto

1. Mira la página 7. ¿Cómo crees que se sienten los insectos en la fiesta? ¿Cómo lo sabes? **Punto de vista**

2. Mira la página 9. ¿Por qué los niños termitas se comen la madera? **Punto de vista**

3. ¿Cómo sabes que *La casa de las termitas* es un cuento de fantasía? **Género**

Género No ficción

Compara los textos
Compara los insectos de ambos textos.

¡Observemos insectos!

Cómo son los insectos

Existen millones de insectos. Son criaturas pequeñas. Todos los insectos tienen cabeza, cuerpo y seis patas. Algunos tienen alas. La parte de afuera del cuerpo de algunos insectos es muy dura. Eso los protege.

(tl) Fritz Rauschenbach/Corbis/Getty Images, (tr) Nigel Cattlin/Alamy Stock Photo, (bl) Edward Phillips/Alamy Stock Photo, (br) Coleman Ray/Science Source/Getty Images

Insectos saltadores

Los insectos se mueven de diferentes maneras. Hay insectos voladores. Hay insectos que solo caminan. Algunos insectos son buenos saltadores. Una pulga puede saltar una distancia de un pie. ¡Un saltamontes puede saltar más de dos pies! Los grillos y las cigarras también saltan bien. ¿Y tú? ¿Cuánto puedes saltar?

Haz conexiones

¿Qué insectos saltadores aparecen en *La casa de las termitas*? **El texto y otros textos**

Enfoque:

Ciencias

Propósito Comparar insectos

Paso a paso

Paso 1 Haz una lista de los insectos que se mencionan en *La casa de las termitas*.

Paso 2 Observa tu lista. Mira las ilustraciones del cuento. ¿Qué insectos tienen alas?

Paso 3 Encierra en un círculo el nombre de los insectos que tienen alas.

Conclusión ¿Qué insectos con alas se mencionan en el cuento *La casa de las termitas*?